# BEI GRIN MACHT SICH IHR WISSEN BEZAHLT

# Marketing. Situations- und Zielgruppenanalyse, Produkt- und Kommunikationspolitik sowie Controlling

**Bibliografische Information der Deutschen Nationalbibliothek:**

Die Deutsche Nationalbibliothek verzeichnet diese Publikation in der Deutschen Nationalbibliografie; detaillierte bibliografische Daten sind im Internet über http://dnb.d-nb.de abrufbar.

ISBN: 9783346223944
Dieses Buch ist auch als E-Book erhältlich.

© GRIN Publishing GmbH
Nymphenburger Straße 86
80636 München

Druck und Bindung: Books on Demand GmbH, Norderstedt Germany
Gedruckt auf säurefreiem Papier aus verantwortungsvollen Quellen

Das vorliegende Werk wurde sorgfältig erarbeitet. Dennoch übernehmen Autoren und Verlag für die Richtigkeit von Angaben, Hinweisen, Links und Ratschlägen sowie eventuelle Druckfehler keine Haftung.

Das Buch bei GRIN: https://www.grin.com/document/907717

# Inhaltsverzeichnis

# 1 Aufgabe 1 – Situationsanalyse

## 1.1 Anspruchsgruppen

Im Rahmen der Situationsanalyse bedarf es die Anspruchsgruppen des Unternehmens zu identifizieren und deren Ziele und Interessen zu beschreiben. Anspruchsgruppen, oder auch Stakeholder genannt, sind Organisationen oder Personen, die verschiedene Ansprüche an das Unternehmen haben. Sie können einerseits in interne, also innerhalb des Unternehmens, und externen, also außerhalb des Unternehmens, Gruppen unterteilt werden (vgl. Heister, 2013, S. 20f.). Andererseits können die Stakeholder auch auf unterschiedlichen Ebenen, also der Makro-, Meso- und Mikroebene, betrachtet werden. Folgend wird der Blick auf die externen Stakeholder gerichtet. Das Pharmaunternehmen strebt nach Imageverbesserung am deutschen Markt, mittels einem Internet-Portal verschreibungspflichtiger Medikamente von chronischen Erkrankungen.

Auf der **Makroebene**, also die Ebene der Gesellschaft des deutschen Staates, deren Normen und Werte, finden sich beispielsweise der <u>Gemeinsame Bundesausschuss (G-BA)</u>, welcher das oberste Beschlussgremium der gemeinsamen Selbstverwaltung der Ärzte, Krankenhäuser und Krankenkassen ist. Als zuständige Instanz definiert der G-BA den Leistungskatalog und folglich verschreibungspflichtige Arzneimittel. Sein oberstes Ziel ist die Sicherung der Qualität und das Fördern von Innovationen. Weiteres Ziel ist es, die Gesundheitsversorgung der deutschen Krankenversicherten zweckmäßig, wirtschaftlich und ausreichend sicherzustellen. Er hat zum Ziel, die Patienten mit Arzneimittel zu versorgen und die arzneimittelrechtlichen Regelungen zu sichern. Sein Interesse gilt der Sicherstellung der Effizienz und Wirksamkeit der Medikamente sowie der Sicherstellung der Versorgung der Krankenversicherten (vgl. G-BA, 2017, Internet).

Auf der **Mikroebene** finden sich die betroffenen <u>Individuen</u>. Das Ziel, der an chronischen Erkrankungen leidenden Kinder, und respektive deren Vertreter, also der Erziehungs-berechtigten, ist vordergründig, die nachhaltige und rasche Linderung, der einfache Zugang zu wirksamen Medikamenten und die Qualität der Arzneimittel. Das Interesse der Patienten liegt vordergründig in der Heilung ohne Nebenwirkungen und im Lindern von Schmerzen und dem Erhalt der Gesundheit. Ferner spielt auch der Kostenfaktor eine Rolle und der leichte Zugang zum Medikament selbst. Wichtig für den Patienten ist auch das Vertrauen in das Medikament und folglich in das Pharmaunternehmen, welches die entsprechende Qualität repräsentiert. Service und Aufklärung sind weitere Interessen.

Auf der **Mesoebene**, jener Ebene, die direkt mit dem Unternehmen in Verbindung steht, können beispielsweise die Ärzte, Krankenhäuser, Krankenkassen, Konkurrenten, Geldgeber, Shareholder, Pharmareferenten oder Apotheken genannt werden. Näher betrachtet werden folgend die Apotheken. Diese Einrichtungen haben zum Ziel, Medikamente, in der nötigen Qualität und Beschreibung, bei Bedarf verfügbar zu haben. Ziel ist es auch über die Wirksamkeit und die Handhabungsempfehlungen aufgeklärt zu sein. Das Interesse der Apotheken liegt in der Aufklärung über das Medikament. Ferner in der Verlässlichkeit der Lieferungen und Produktqualität sowie in der Aktualität.

## 1.2 Marktumfeld

Angebot und Nachfrage finden am Ort des Marktes statt. Dieser ist Ausgangspunkt der Situationsanalyse. Das Pharmaunternehmen ist Teil des Gesundheitsmarktes, welcher sich prinzipiell in medizinische Dienstleistungen und Pharma- und Medizinprodukte aufteilt. Der Gesundheitsmarkt ist aufgrund neuer technologischer und demografischer Entwicklungen dynamisch und ist spezifisch eher nicht beschreibbar. Der relevante Markt, also der Teilmarkt, des Pharmaunternehmens sind die Abnehmer der Arzneimittel, jene Ärzte, Einrichtungen und Patienten, die für die Gesundung das Produkt benötigen oder vertreiben. Als Raum für die Image Kampagne und das Internet Portal ist Deutschland angesetzt. Der Wettbewerb sind jene Pharmaunternehmen im selbigen Raum, die die Arznei für die spezifischen Krankheiten ebenfalls vermarkten. Um den relevanten Markt detaillierter zu spezifizieren bedient man sich der Eruierung des Marktpotenzials, des Marktvolumens, des Absatzvolumens und des Marktanteiles (vgl. Heister, 2013, S. 39ff.).

**Neurodermitis** gehört zu den häufigsten Krankheiten im Kindes- und Jugendalter. Geschlechtsunterschiede in der Verbreitung der Krankheit sind nicht gegeben. Gemäß den Ergebnissen der KiGGS[1] Welle 1 besteht eine Lebenszeitprävalenz von 14,3%. Die 12-Monats-Prävalenz beläuft sich auf 6,0% und ist im Rückgang. Diese ist im Säuglings- und Kleinkindalter am höchsten. In Bezug auf den Sozialstatus, ist Neurodermitis stärker vertreten je höher dieser ist (vgl. RKI, 2014, S.1).

Das **Tourette-Syndrom** basierend auf den Diagnosekriterien des ICD-10[2] (F95) ist eine motorische und vokale Tic-Störung und tritt bei 1% aller Kinder mit unterschiedlichen Schweregraden auf. Es äußerst sich erstmalig zwischen dem 6ten und 8ten Lebensjahr. 15% aller Grundschüler leiden an leichten vorübergehenden Tic-Störungen. Zwischen dem 10ten und 12ten Lebensjahr ist die Häufigkeit am höchsten. Im Erwachsenenalter geht diese Störung bei 90% der Patienten spontan zurück. Geschlechtsspezifisch gesehen tritt das Syndrom viermal häufiger bei Jungen als bei Mädchen auf. Als Potenzial werden

---

[1] KIGGS: Studie zur Gesundheit von Kindern und Jugendlichen in Deutschland
[2] ICD-10: Internationale statistische Klassifikation von Krankheiten

nur die stark ausgeprägten behandlungswürdigen Störungen herangezogen. Die Wirksamkeit der Therapien sind noch kaum bestätigt (vgl. Ludolph et al., 2012, S. 821ff.). In Deutschland leben derzeit etwa 11 Millionen Kinder in einem Alter von 0 bis 14 Jahren (vgl. statista, 2014, Internet). Davon ausgehend ist das Marktpotenzial, also die Anzahl der Betroffenen, zwischen Tourette Syndrom und Neurodermitis signifikant unterschiedlich. 1% leiden am Tourette Syndrom, das wären 110.000 Kinder und Jugendliche. Wohingegen 15% von 11 Millionen, also 1.500.000 Kinder und Jugendliche von Neurodermitis betroffen sind, mit steigender Tendenz. Für die Image-Kampagne mittels der Eröffnung eines Internet-Portals wird das Krankheitsbild der Neurodermitis ausgewählt. Vordergründiges Ziel ist das Image zu verbessern. Da das Marktpotenzial der an Neurodermitis Erkrankten signifikant höher ist, und somit es eine größere Kundenschicht gibt, wird das Thema der Neurodermitis aufgegriffen. Es gibt einen höheren Bedarf und eine theoretisch größere Nachfrage aufgrund der geschätzten Erkrankungen. Dadurch können mehr Kunden angesprochen werden, welches dem Pharmaunternehmen zur Image-Aufbesserung zu Gute kommt.

## 1.3 Rechtliche Rahmenbedingungen

Für Institutionen des Gesundheitsmarktes gibt es gesetzliche Werbeverbote. Die entsprechenden rechtlichen Regelungen für die Bewerbung von Arzneimitteln sind im Heilmittelwerbegesetz (HWG) festgeschrieben. Sie dienen dem Schutz des Patienten und haben Bezug zu Aussagen, die ein Heilen, Lindern oder Erkennen von Krankheiten beinhalten. Grundsätzlich hat das Pharmaunternehmen das Recht, ihre Produkte und Leistungen positiv zu bewerben. Verbraucher ihrerseits, haben ebenso das Recht auf Mündigkeit und Selbstentscheidung, welche Heilmittel sie anwenden. Gemäß §10 (1) HWG ist Werbung für verschreibungspflichtige Medikamente, im vorliegenden Fall für Neurodermitis und Tourette Syndrom, nur an Adressaten von Heilberufsangehörigen, die diese Medikamente verschreiben dürfen, und gegenüber Dritten nur möglich, wenn diese damit handeln dürfen. Gemäß §10 (2) HWG darf für psychische Störungen, die es zu beseitigen gilt, außerhalb des Fachkreises nicht geworben werden. Das Tourette Syndrom ist, gemäß Klassifizierung des ICD 10 (F95), Teil der psychischen und Verhaltens-störungen. Neurodermitis, zählt nicht dazu, und wird unter L20 zu den Krankheiten der Haut gezählt. Das Selbstkontrollorgan der pharmazeutischen Industrie gilt es zu involvieren, um sich entsprechend abzusichern (vgl. Heister, 2013, S. 48ff.). Folglich kann das Internet-Portal nicht direkt für Eltern und Erziehungsberechtigte als Zielgruppe aufgesetzt werden. Die Zielgruppe für das Internet-Portal sind Ärzte, Heilpraktiker und Apotheken, die verschreibungspflichtige Arzneimittel absetzen bzw. verschreiben.

## 1.4 Konkurrenzanalyse – Neurodermitis Portale

In Tabelle 1.1 sind vier der qualifizierten Konkurrenzportale aufgelistet, die in die Konkurrenzanalyse aufgenommen werden. Sie wurden mittels Internetrecherche erhoben. Deren Charakteristika, Zielgruppen, Inhalte und Alleinstellungsmerkmale wurden verglichen. Die Analyse dient zur Erhebung der bestehenden Konkurrenzsituation am Markt.

| Konkurrenzanalyse - Internet-Portale / Neurodermitis | | | |
|---|---|---|---|
| Portalname / URL | Portalbetreiber | Zielgruppe | Inhalte |
| 1 Neurodermitisportal - Hilfe zur Selbsthilfe / www.neurodermitis portal.de | Gemeinnützige Selbsthilfe- organisation, private Einzelpersonen | direkt/indirekt Betroffene mit Neurodermitis und Allergien die an Selbsthilfe interessiert sind; **USP:** Selbsthilfe - Austausch für Neurodermitis & Allergien | Selbsthilfegruppe - Hilfe zur Selbsthilfe, Kostenloser Informationsaustausch mittels Forum; Tipps & Hilfe von Selbstbetroffenen |
| 2 Jucknix / www.jucknix.de | Ges.m.b.H; geschäftsführen- de Gesellschafter; Jens Meyer Initiator | Betroffene an Haut- und Allergiekrankheiten; **USP:** Selbsterfahrung des Betreibers; Persönliche Erfolgsrezept-Austausch; Haut & Allergien | Selbsterfahrungsaustausc h Portal für "Juckreiz" Krankheiten wie Neurodermitis, Allergien, Nesselsucht, Asthma, Schuppenflechte. |
| 3 Neurodermitistherap hie Info / www.neurodermitis therapie.info | Dr. med. Uwe Schwichtenberg; Facharzt Dermatologie & Allergologie; Meda Pharma GmbH & Co Kg | Personen, die Schulmedizinisch Unterstützung suchen für Neurodermitis; **USP:** Medizinische Relevanz und Fundiertheit für Neurodermitis | Mediznisch fokussierte Informationen; kostenlose Sprechstunde; Schulmedizin für Neurodermitis; Aufklärung zu Entstehung und Behandlung |
| 4 Hautsache / www.hautsache.de | Thomas Schwennesen; private Einzelperson | Interessierte und Betroffene an Hautkrankheiten: Neurodermitis, Rosazea und Vitiligo; **USP:** Haut allgemein; Erfahrungsvermittlung | Haut allgemein, nicht spezifisch. Fokus auf Neurodermitis, Rosazea; Vitiligo; Informationsvermittlung zu den spezifischen Themen |

Tab.: **1.1** Konkurrenzanalyse – Neurodermitis-Portale (eigene Darstellung)

## 1.5 Quantitativer Produktvergleich der Portale

Die in Punkt 1.4 selektierten Portale werden folgend auf fünf Erfolgskriterien gemäß den Ausprägungen schwach – mittel – stark analysiert. Die gewählten Merkmale sind: (1) Wissenschaftlichkeit / schulmedizinische Relevanz; (2) Arzneimittelfokus; (3)

Bedienungsfreundlichkeit; (4) Fokus Neurodermitis; (5) Grenzen des HWG. Sie werden in Tabelle 1.2 abgetragen und folgend näher beschrieben. Anschließend wird der Portalvergleich näher erläutert.

| Produktvergleich der Portale | Merkmalausprägung | | | | | | | | | LEGENDE | |
|---|---|---|---|---|---|---|---|---|---|---|---|
| | schwach | | | mittel | | | stark | | | | |
| Merkmale | 2 | 3 | 4 | 2 | 3 | 4 | 2 | 3 | 4 | | |
| 1 Wissenschaftlich / Medizinische Relevanz | x | x | | | | x | | | x | Portal 1 | Neurodermitisportal / www.neurodermitisportal.de |
| 2 Arzneimittelfokus | | | | x | x | x | x | | | Portal 2 | Jucknix / www.jucknix.de |
| 3 Userfreundlichkeit | | | | x | | x | | x | | Portal 3 | Neurodermitistherapie Info / www.neurodermitistherapie.info |
| 4 Fokus Neurodermitis | | | | x | x | x | x | | | Portal 4 | Hautsache / www.hautsache.de |
| 5 Zielgruppe gem. HMG | x | x | x | | | | | | | | |

**Tab.: 1.2** Produktevergleich der Portale (eigene Darstellung)

(1) **Wissenschaftlichkeit / schulmedizinische Relevanz**:

Merkmal: Haben die Inhalte der Portale schulmedizinische Relevanz? Sind die Betreiber Fachexperten und haben einen medizinischen universitären Abschluss? Ist die Wissenschaftlichkeit gegeben, aufgrund von relevanten Quellen und Studien?

Antwort: Das Portal 3 wird von einem Dermatologen betrieben und bietet schulmedizinische Relevanz und wissenschaftliche Fundiertheit und wurde daher mit „stark" bewertet. Die beiden Portale 1 und 2 sind von Betroffenen initiiert und auf Vernetzung und Selbsthilfe ausgerichtet. Der wissenschaftliche Bezug fehlt. Bewertung folglich mit „schwach". Das Portal 4 wurde mit „mittel" ausgewertet, da die Informationen grundsätzlich von Nicht-Medizinern stammen, es jedoch die Möglichkeit der Sprechstunde mit einer Dermatologin gibt.

(2) **Arzneimittelfokus**:

Merkmal: Vermitteln die Portale einen Überblick über die gängigen zugelassenen Medikamente? Ist darauf geachtet, dass keine Werbung mit verschreibungspflichtigen Medikamenten gemacht wird? Wird auf die Forschung im Bereich der Neurodermitis eingegangen? Werden Inhaltsstoffe vorgestellt? Gibt es Studienbezüge, die die

Wirksamkeit von Medikamenten darlegen?

Antwort: Auf allen 4 Portalen finden sich Hinweise zu Arzneimitteln und vor allem Inhaltsstoffen in Bezug zur Neurodermitis. Einen guten Überblick über alle möglichen Wirkstoffe bzw. ein Fokus auf lediglich Arzneimitteln, ist nicht gegeben. Vor allem unter dem Aspekt des Werbeverbotes für verschreibungspflichtige Medikamente. Alle Portale wurden, da es keine klare Differenzierung gibt, mit mittel bewertet.

(3) **Bedienungsfreundlichkeit**:

Merkmal: Hat das Web-Portal den Anspruch benutzerfreundlich zu sein? Liegt beim Aufbau die AIDA[3]-Formel und die CUBE[4]-Formel zugrunde? (vgl. Heister, 2006, S. 59). Sind die Inhalte aktuell und werbefrei? Ist das Navigieren und Finden der Informationen selbsterklärend?

Antwort: Das Portal 1 ist nicht sehr schlüssig aufgebaut. Das Impressum zeigt lediglich Vornamen der Betreiber. Die Unterteilungen sind ohne verständliche Struktur. Dieses Portal wird mit schwach bewertet. Portal 3 ist sehr kompakt, fokussiert auf Fakten und ist leicht bedienbar. Es ist nicht mit Werbepopups belastet. Die gute Struktur wurde mit stark bewertet. Die anderen beiden Portale 2 und 4 sind gut aufgebaut. Teilweise jedoch mit Informationen überladen, welches die Bedienbarkeit etwas erschwert und deshalb als „mittel" eingestuft wird.

(4) **Fokus Neurodermitis**:

Merkmal: Fokussieren die Inhalte des Portals ausschließlich auf Neurodermitis als Krankheitsbild? Ist das Portal spezifiziert auf Neurodermitis?

Antwort: Portal 1 und 3 sind ausschließlich der Neurodermitis gewidmet und daher mit stark benotet. Portal 2 und 4 haben auch den Fokus auf andere Hautkrankheiten und keine Exklusivität und wurden daher mit mittel angesetzt.

(5) **Grenzen des HWG**:

Merkmal: Ist die Zielgruppe eingeschränkt auf Ärzte, Apotheken und jene Professionen, die mit verschreibungspflichtigen Medikamenten werben dürfen? Ist die Zielgruppe gemäß HWG aufgestellt? Ist das HWG beachtet?

Antwort: Da mit verschreibungspflichtigen Medikamenten nicht uneingeschränkt geworben werden darf, die Portale aber Privatpersonen direkt ansprechen, und nicht Ärzte oder Einrichtungen, die mit Pharmaka handeln, wurde alle mit schwach bewertet.

---

[3] AIDA: Attention (Aufmerksamkeit), Interest (Interesse), Desire (Verlangen), Action (Handlung)
[4] CUBE: Content (Inhalt), Usability (Benutzerfreundlichkeit), Branding (Marketing), Emotion (Gefühl)

# 2 Aufgabe 2 – Zielgruppeneingrenzung

## 2.1 Zielgruppenwahl

Der Weg zum Kunden des Pharmaunternehmens ist kein direkter, da dieser über Ärzte bzw. Medikamentenvertreiber (Apotheken) führt. Um ein breites Publikum zu erreichen, damit die Imagekampagne erfolgsweisend ist, bedarf es jene Ärzte und Apotheken anzusprechen, die ein entsprechend hohes Verschreibungs- und Umsatzvolumen aufweisen. In Anbetracht der Produktpalette des Pharmaunternehmens, welches auf verschreibungspflichtige Medikamente aufbaut, und den Ansprüchen des HWG sowie der Konkurrenzanalyse werden nicht die Endabnehmer, also die Betroffenen direkt, sondern diese indirekt über folgende drei Zielgruppen angesprochen:

(1) **Ärzte**: Allgemeinmediziner, Kinderärzte und Dermatologen (als Spezialisten) benötigen umfassende aktuelle Information zu den neuesten Trends und Forschungsergebnissen im Bereich der Neurodermitis sowie die Vernetzung mit Dermatologen und Allgemeinmediziner zum Erfahrungsaustausch in Bezug auf Wirksamkeit von Medikamenten. Ferner benötigen sie einen Überblick aller Medikamente, zur Behandlung von Neurodermitis.

(2) **Apotheken** werden flächendeckend, jene mit hohen Umsatz und Kooperationen mit Dermatologen, angesprochen. Apotheken benötigen Wissen über das Thema der Neurodermitis bei der Aushändigung von verschreibungspflichtigen Medikamenten, um kompetent zu beraten. Sie benötigen Übersicht über die Produktpalette und einen Erfahrungsaustausch mit Medizinern in Bezug auf die Wirksamkeit von Medikamenten.

(3) **Kinder-Krankenhäuser:** Stationäre Versorgungsspezialisten im Bereich von Kinderkrankheiten mit dem Fokus auf Neurodermitis und auch psychischen Belastungen, die direkter Zugang zu Forschungsergebnissen, Produkten und Neuigkeiten zu Wirkstoffen aus der Pharmabranche, benötigen, werden als Zielgruppe aufgenommen.

Im zu etablierenden Portal wird der Fokus auf diese 3 Gruppen, nachfolgend als Health Care Professionals (HCP) bezeichnet, gelegt. Das Ergebnis der Konkurrenzanalyse der Portale zeigt, dass das ausschließliche Ansprechen von Medizinern nicht vorhanden ist. Die existenten Portale sprechen direkt die Betroffenen an. Die Imagebildung findet über die vorgeschlagene Zielgruppe statt, welche indirekt als Botschafter zum Endkunden agiert. Ein gutes Marketing und Imagebildung über diese Gruppe kann dazu beitragen, dass das Image des Pharmakonzerns angehoben wird, und entsprechend dadurch die Kommunikation zum Endkunden auch positiv beeinflusst wird. Das vordergründige Ziel der Zielgruppe ist die Aktualität und Richtigkeit der Information und die Kompetenz in der Beratung und dem Service.

## 2.2 Soziodemo- und psychografische Merkmale der Zielgruppe

Um die Zielgruppe spezifisch beschreiben zu können, bedient man sich soziodemo-grafischer und psychografischer Merkmale. Soziodemografische Merkmale sind beispielsweise Alter, Geschlecht oder Familienstand. Zu den psychografischen Merkmalen zählt man Werte, Einstellungen, Bildungsstand, Beruf, Haushaltseinkommen oder die soziale Lage (vgl. Hoffmann, Akbar, 2016, S. 125 ff.). Um das Portal zielgruppenorientiert zu vermarkten, bedarf es der Berücksichtigung dieser Merkmale der respektive angesprochenen HCP. Die Distributions- und Kommunikationspolitik ist entsprechend anzupassen. Die Zahl der Apotheken beläuft sich auf 20.249 (vgl. Abda, 2016). Gemäß der Ärztestatistik 2016 der Bundesärztekammer beläuft sich die Zahl an Ärzten auf etwa 378.607. Davon anzusprechen sind Allgemeinmediziner (43.618), Kinder- und Jugendmediziner (14.466) und Hautärzte (5.860) also knappe 20% der Ärzteschaft. In Bezug auf das **Alter** sind 19% jünger als 35 Jahre, also Geburtsjahrgänge von ca. 1980 bis 1990 und älter. Es handelt sich noch nicht um Millennials, jene um 2000 Geborene, die mit dem Internet aufwuchsen. Der Großteil der angesprochenen Ärzteschaft ist 35 bis 60 Jahre alt. Dies bedarf der Berücksichtigung in der Gestaltung des Portals (vgl. Bundes-ärztekammer, 2016, Internet). In Bezug auf den **Bildungsstand** kann aufgrund der universitären Ausbildungspflicht auf einen hohen Bildungsstand und guter sozialer Lage der HCP geschlossen werden. Die dargebotenen Informationen können berufsspezifisch und mit Fachvokabular dargeboten werden. Das Portal ist geschlechtsneutral zu halten. Die Herkunft der HCP also der **kulturelle Hintergrund** ist wichtig für die Berück-sichtigung. 46.721 Ärzte, das sind 12,3%, haben einen ausländischen Hintergrund, zum größten Teil aus anderen europäischen Ländern (8,5%) - der Rest aus Übersee. In Bezug auf die regionalen innerdeutschen Unterschiede in den Bundesländern, bedarf es keiner spezifischen Berücksichtigung, da es sich um ein ortsunabhängiges Internet-Portal handelt. Das **Einkommen** und der **Status** liegt tendenziell über dem Durchschnitt (vgl. Statistisches Bundesamt, 2016, S. 15ff.). Aus psychografischer Sichtweise bedarf es der Imagebildung und der Sicherstellung eines hohen Qualitäts- und Informationsstandards. Faktoren sind beispielsweise Werte und Interessen. Die Ärzteschaft hat grundsätzlich eine soziale Verantwortung der Gesellschaft gegenüber, aufgrund des abgelegten hippokratischen Eides. Sie haben ein Bedürfnis ihren Patienten zu helfen.

## 2.3 Mediennutzungsverhalten

Gemäß der Allensbacher Markt- und Werbeanalyse 2015 ist ein Anstieg in der mobilen Internetnutzung in der Allgemeinbevölkerung sichtbar, vor allem mit Handheld Geräten. Durchschnittlich werden 2 Zugangswege benutzt, einerseits mit Laptop / Notebook und

andererseits mit Handy / Smartphone. Die Studie zeigt auf, dass bereits 84% aller 14 –
29jährigen das Internet nutzen. Die 30 – 49jährigen nutzen es immerhin schon zu 66%
und die 50 – 69jährigen zu 35%, mit steigender Tendenz. Grundsätzlich ist die Internetnutzung altersgebunden. Sie liegt bereits bei bis zu 84 % der 50 – 59jährigen und darüber
bei den Jüngeren Generationen. Über 60jährige nutzen das Internet nur zu 42% durchschnittlich. Beim Informationsverhalten bei aktivierten Informationsbedarf nimmt das
Internet einen Spitzenplatz ein. 66% suchen im Internet, wenn sie sich zu einem Thema
informieren möchten. Wobei es bei längeren Texten die Tendenz zur Printversion gibt.

Die Studie von La Med fokussiert auf das Medienverhalten der HCP. Sie zeigt auf, dass
die Mediennutzung Typ Sache ist und es 5 Typen mit jeweils spezifischen Ansprüchen
gibt. Der berufliche Nutzwert ist tragend mit 44%. Wohingegen der Expertendialog mit
16% weniger bedeutsam ist. Die Hauptanforderung an Fachmedien ist zweigeteilt. Es
braucht Zugang zu differenziertem und objektiven Spezialwissen einerseits, und eine
Unterstützung für das Verständnis andererseits. Die HCP sind grundsätzlich begeistert
vom Internet, alle Funktionen werden jedoch nicht gelobt. Der schnelle und unkomplizierte
Zugang zu objektiven, relevanten und gesuchten Informationen ist vordergründig. Positiv
bewertet werden Online-Datenbanken, Fachzeitschrift-Portale, Wissensportale, Apps und
Suchmaschinen. Weniger positiv bewertet sind Newsletter, E-Mail, Firmenwebsites oder
Video-Portale. Die Zukunft wird multimedial gesehen in Bezug auf Fachinformationen (vgl.
La-Med, o.J., Internet).

Basierend auf den beiden Studien zur Mediennutzung kann davon ausgegangen werden,
dass der Großteil der HCP aufgrund ihrer Altersstruktur, das Internet Großteiles nutzen
und das Internet heranziehen, um nach Informationen zu suchen. Das Internet-Portal
sollte demnach die Informationsvermittlung in den Vordergrund stellen. Als
Erfahrungsaustausch zwischen den Ärzten scheint es wenig genutzt zu werden.
Datenbanken, Fachbereiche und Informationsvermittlung werden vorwiegend anvisiert.
Auch der Trend zu Apps scheint positiv zu sein. Da vor allem auch das Handy zum
Suchen nach Informationen benutzt wird, sind mobil angepasste Versionen von
Internetseiten unabdingbar. Eine Kombination von Fachinformation und
Arzneimitteldatenbank als Web-Seite und App scheint dem Nutzungsverhalten am besten
zu entsprechen.

# 3 Aufgabe 3 – Produktpolitik und Alleinstellungsmerkmal

## 3.1 Unique Selling Position (USP)

Als Unique Selling Position (USP), dem Alleinstellungsmerkmal, versteht man das sich Differenzieren und Abheben vom Markt beziehungsweise der Konkurrenten. Um sich zu differenzieren kann der Fokus auf das Produkt, den Service oder die Qualität gelegt werden. Ferner ist die Konzentration auf Schwerpunkte, also dem Finden einer Marktlücke, eine mögliche Vermarktungsstrategie. Die Kostenführerschaft, in Bezug auf Internet-Portale, die kostenfrei zugänglich sind, scheint unattraktiv zu sein (vgl. Heister, 2014, S. 83f.). Zur Imagebildung und als Antwort auf den Trend der Digitalisierung kann das Internet-Portal als separate Strategische Geschäftseinheit aufgesetzt werden um Zugang zu den Kunden des Pharmaunternehmens zu etablieren. Dabei ist die Zielgruppe, deren Bedürfnisse, und die Technologie zu berücksichtigen. In Bezug auf das Internet-Portal wird folgendes vorgeschlagen, um sich von der Konkurrenz abzuheben:

**Wissenschaftlichkeit**: Lediglich das Portal Neurodermitis.de wird von einem Mediziner geführt und bürgt für Wissenschaftlichkeit. Um sich insbesondere von diesem Portal abzuheben, gilt es darauf aufmerksam zu machen, dass das HWG befolgt wird, der Zugang beschränkt ist und eine Arzneimitteldatenbank einen einfachen, raschen Zugang zu sämtlichen Medikamenteninformationen und deren Wirkstoffen, Nebenwirkungen und Forschungsergebnissen aufzeigt.

**Exquisiter Zugang für Health Care Professionals:** Zugang wird für eine eingeschränkte Zielgruppe, als indirekter Botschafter für die Patienten und die Imagebildung des Pharmaunternehmens, ermöglicht. Keines der Portale weist eine Einschränkung für HCP auf, womit die Werbung mit verschreibungspflichtigen Medikamenten, möglich wird. Ein eingeschränkter Zugang ermöglicht dies.

**Arzneimitteldatenbank:** Eine umfassende, leicht zugängliche Arzneimitteldatenbank, auch mit Konkurrenzprodukten, ermöglicht die eigenen Produkte hervorzuheben und zeigt auch die Fairness und das Vertrauensniveau des Pharmaunternehmens zur Konkurrenz.

**Smarte Benutzeroberfläche:** In Bezug auf das Medienverhalten der Health Care Professionals ist darauf zu achten, dass die Informationen wissenschaftlich fundierten Charakter haben, die einfach und schnell navigierbar sind. Das Portal muss auch eine mobile Version als App anbieten und nachhaltig aktuell sein. Ferner sind Banner, Newsletter und Foren zu meiden. Dies sind Bereiche, die negativ bewertet wurden.

Gemäß Porter liegen in der Differenzierung Vorteile. Damit können Konsumenten gebunden und Eintrittsbarrieren geschaffen werden. Dies schafft einen Schutz vor Substitution. Außerdem hält er fest, dass entweder die Marktführerschaft und die Größe des Unternehmens oder die Spezialisierung in einem Bereich, das Überleben und den Erfolg sichern. Im vorliegenden Fall wäre dies die Spezialisierung (vgl. Heister, 2014, S. 84ff).

## 3.2 Portal Name und Slogan

Der freie Domainname, verfügbar über „WorldForYou.com", eine österreichische Internet Service GesmbH, lautet „atop-ekzem-care.info" (siehe Anhang). Da es sich um ein Portal für HCP handelt und die Wissenschaftlichkeit hervorgehoben wird, wurde auf die Verwendung des Namens Neurodermitis verzichtet und stattdessen der gemäß ICD-10 Klassifizierung medizinische Name des Atopischen Ekzems (umgangssprachlich bekannt als Neurodermitis) herangezogen. Dies entspricht dem Ansatz der Wissenschaftlichkeit dieses Portals. Der Zusatz „care" im Namen repräsentiert die Tatsache, dass nur Health Care Professionals Zugang haben. Die Domain-Endung .info impliziert, dass es sich um ein informationsfokussiertes Portal handelt. Die Zielgruppe legt Wert auf Informationen, die wissenschaftlich fundiert und aktuell sind. Ferner zeigt der Zusatz auf, dass es sich nicht um ein Forumsportal zum Erfahrungsaustausch handelt.

Der Slogan des Portals des Pharmaunternehmens lautet wie folgt:

**„Atopische Dermatitis ist nicht heilbar - aber behandelbar!"**

**Medizin und Hippokrates statt Wundermittel und Dr. Google.**

Der Slogan nimmt Bezug auf das Hauptthema des Portals, nämlich dem Atopischen Ekzem, auf welches das Portal spezialisiert ist. Ferner zeigt es auf, dass die Krankheit zwar nicht heilbar ist, jedoch behandelbar. Das Zeitwort „zu behandeln" nimmt das Thema des Handelns auf in Bezug auf ärztliches Handeln: Empfehlungen abgeben, Medikamente verschreiben und Behandeln. Ferner grenzt sich das Portal von den alltäglichen, nicht wissenschaftlichen Portalen, die auf Erfahrungsaustausch der Betroffenen aufbauen, ab. Der Hinweis „statt Wundermittel" impliziert, dass Medizin, also verschreibungspflichtige Medikamente, folglich die Schulmedizin, für die Behandlung herangezogen werden sollen. Der Fokus der Betroffenen auf die Internetsuchmaschine Google, als Internetdoktor, hinzu einem Ahnherren der Medizin, also Hippokrates, der vor allem wegen seines Wissens und dem Hippokratischen Eid, Medizingeschichte schrieb (vgl. Flashar, 2016, S. 1ff.) zeigt auf, dass die Health Care Professionals Experten sind und aktuelles forschungsrelevantes Medizinwissen zur Linderung von Atopischer Dermatitis anwenden.

## 3.3 Quantitative und qualitative Ziele des Portals

Die quantitativen Ziele nehmen Bezug auf die Quantität eines spezifischen Zieles, um es mit Daten und Zahlen explizit messbar zu machen. Für das Internet-Portal werden zwei quantitative Ziel verfolgt. Eines ist direkt dem Portal zuordnungsbares und eines ist indirekt dem Portal aber direkt dem Pharmaunternehmen anrechenbares Ziel. Um den Erfolg des

Portals direkt zu messen, werden die Anzahl der Registrierungen und die Frequenz der Besuche des Portals mittels Unterstützung durch den Internetprovider gemessen. In Bezug auf den Erfolg des Pharmaunternehmens, werden die Umsatzentwicklung der Neurodermitis-Medikamente, anvisiert. Eine Umsatzsteigerung ist anzustreben. Ebenso bei den qualitativen Zielen, fokussiert eines auf das Portal und das zweite auf das Pharmaunternehmen. In Bezug auf das Portal wird angestrebt, dass das Feedback und die erhaltenden Rezessionen eine hohe Zufriedenheit gewährleisten. In Bezug auf das Pharmaunternehmen wird vordergründig die Imageaufbesserung angestrebt. Dies kann durch Fragebögen und Interviews eruiert werden. Die genaue Beschreibung der dazugehörigen Kennzahlen findet sich im Punkt 5.1 und 5.2.

## 4 Aufgabe 4 – Kommunikationspolitik

### 4.1 Online-Maßnahmen zur Vermarktung des Portals

Die Kommunikationspolitik ist Teil des Marketing-Mix (vgl. Heister, 2006, S. 45). Die Anwendung der Copy-Strategy dient als Grundlage für die technische Umsetzung der Online-Vermarktungsmaßnahmen. Sie klärt die Positionierung (informatives Online-Portal für Healthcare Professionals), den Consumer Benefit (Aktualität, Wissenschaftlichkeit), den Reason Why (Sicherstellung und nachhaltige, kontinuierliche Verbesserung der medizinischen Behandlungsmöglichkeiten von Atopischer Dermatitis), die Tonality (vertrauenswürdig, wissenschaftlich, informativ) und die Zielgruppe (Health Care Professionals, die einen Beitrag zur Behandlung von atopischer Dermatitis leisten). Kunden sind informationsüberlastet und nehmen nur 2-5% an Informationen wahr (vgl. Heister, 2006, S. 45f). Dies berücksichtigend, werden die folgenden drei gewählten kommunikationsspezifischen Online-Maßnahmen dargestellt:

Unternehmenswebsite: Da es vordergründig um Imagebildung geht, ist es wichtig auf der Unternehmenswebsite selbst das Portal zu vermarkten. Das Portal steht für Aktualität, Wissenschaftlichkeit und Information. Werte, die auch das Unternehmen vertritt. Die Healthcare Professionals sollen beim Aufrufen der Firmenwebpage auf das Angebot des Portals aufmerksam werden. Durch das Portal wird der virtuelle Kontakt intensiviert. Die Website hat die größte Reichweite der online-Maßnahmen, da sie weltweit aufrufbar ist (vgl. Kreutzer, 2016, S. 58).

Online-PR (vgl. Heister, 2006, S. 50): Online Public Relation ermöglicht das Image des Unternehmens in der Öffentlichkeit durch das Internet aufzubessern, die Aufmerksamkeit auf das Portalangebot zu lenken, es somit bekannter zu machen und die Zielgruppen zu überzeugen. Vordergründig steht das Vermitteln von Fachinformationen über das Portal. Eine portalspezifische PR-Arbeit ermöglicht dieses bekannt zu machen. Inhalt der PR ist das Vermitteln des Wissens über die Inhalte des Portals, dessen Vorteile in der Nutzung und dessen Ziele, die das Unternehmen damit verfolgt.

**Suchmaschinenoptierung** – Search Engine Optimization (SEO). Sie ermöglicht das einfache Finden der Webseite des Unternehmens und kann somit einen Vorteil gegenüber der Konkurrenz darstellen. Dies ermöglicht mehr Webseitenbesucher, die dadurch auf das Portal aufmerksam werden können. Da das Unternehmen Abstand von Werbung nehmen möchte, um Seriosität zu vermitteln, ist die SEO eine gute Möglichkeit, verdeckt Kunden aufmerksam zu machen (vgl. Kreutzer, 2016, S. 90).

### 4.2 Aspekte der werblichen Gestaltung

Im Rahmen der Vermarktung muss das Gesetz des unlauteren Wettbewerbes geachtet werden. In Bezug auf die Gestaltung der Werbung für Portals kann mithilfe des AIDA-Leitfadens das Interesse am Portal auf der Firmenwebsite geweckt werden. Um die Aufmerksamkeit zu erlangen, eignen sich Bilder, Fotos oder Grafiken, die das Portal anpreisen. Das Interesse kann durch die Vermittlung der Aktualität der Inhalte und der Wissenschaftlichkeit geweckt werden, welches dem Zielpublikum wichtig ist. Wichtig ist auch die farbliche Gestaltung. Aufgrund des Anspruches der Seriosität eignen sich dezente Farben. Mit unterschiedlichen Schriftgröße und grafischen Elementen kann beispielsweise der Registrierungsbereich markiert werden, um das Publikum zum Handeln zu motivieren. Um auch die Emotion anzusprechen, eignen sich beispielsweise das Aufzeigen der Vorteile der Nutzung des Portals oder das Zeigen von Kindern, die an Neurodermitis leiden. Aufgrund des Medienverhaltens der Zielgruppe ist von Newsletter, E-Mails oder dem Einsatz von Bannern abzuraten. Das Motto „Weniger ist Mehr" ist speziell für diese Zielgruppe empfehlenswert. Hauptaugenmerk ist letztendlich der Inhalt des Portals, und nicht die Werbung für das Portal. Dies soll bei der Gestaltung entsprechend berücksichtigt werden (vgl. Heister, 2006, S. 59ff.).

### 5 Controlling

### 5.1 Erfolgsmessung des Portals mittels Kennzahlen

Wie in Punkt 3.3 angesprochen wurde gilt es den Absatz an Neurodermitis-Medikamenten zu steigern, durch nachhaltige Imagebildung die Umsatzzahlen zu erhöhen und folglich den Marktanteil zu steigern. Folgende 3 bezugsgrößen- und zielabhängige Kennzahlen werden herangezogen:

**Kennzahl 1**: 20% Steigerung des Absatzes an Neurodermitis-Medikamenten innerhalb von 12 Monaten; Ausgangspunkt ist die Absatzmenge der Produkte vor Portal-Eröffnung und Endpunkt, zur Überprüfung des gesetzten Zieles, ist eine Zeitspanne von 12 Monaten ab Eröffnung des Portals.

**Kennzahl 2**: <u>Umsatzsteigerung des Pharmaunternehmens um 5% innerhalb eines Jahres</u>; Ausgangspunkt ist der Pharmaunternehmensumsatz vor Eröffnung des Portals. Als Zielerreichungsperiode wird 1 Jahr festgelegt. Durch die Image-Kampagne wird erwartet, dass die Imageverbesserung den Ruf des Pharmaunternehmens verbessert, und dies somit auch auf andere Produktebereiche positiv wirkt, welches zu Umsatzsteigerung führen soll.

**Kennzahl 3**: <u>Marktführerschaft im Absatz an Neurodermitis-Medikamenten</u>; Gemessen wird dies nach einem Jahr des Betreibens des Portals durch eine Umfrage bei den Health Care Professionals, um eruieren zu können, bei welchen Pharmaunternehmen welche Neurodermitis Produkte vorwiegend gekauft werden. Ferner kann auch gefragt werden, ob eine Änderung im Verhalten der Produktauswahl aufgrund der Informationen im Portal stattfand, das heißt ob die HCP die Produkte des Pharmaunternehmens empfehlen und nicht jene der Konkurrenz.

## 5.2 Kennzahlen zur Erfolgsmessung der Kommunikationsmaßnahmen

Der Erfolg der Kommunikationsmaßnahmen wird quantitativ mittels 2 Kennzahlen gemessen.

**Kennzahl 1**: <u>Anzahl der Registrierungen zum Online-Portal innerhalb von 24 Monaten</u>; Um feststellen zu können, ob das Informations-Portal genutzt wird, und in welchem Ausmaß, werden mittels Internet-Provider die Anzahl der Registrierungen gezählt. Wie in Punkt 2.1 erwähnt, können etwa 15% der Ärzteschaft angesprochen werden. Dies ist in etwa ein Potenzial von 60.000 Ärzten. Es wird angestrebt, dass 20% davon das Portal nutzen, die wären 12.000 Ärzte. In Bezug auf die Apotheken, gibt es ein Potenzial von 20.249 deutschlandweiter Apotheken (vgl. Abda, 2016). Das Erreichen von etwa einem Drittel aller Apotheken ist das Ziel, dies wären gerundet 7.000 Apotheken. Ziel ist es also, 19.000 Registrierungen umzusetzen. Da es unwahrscheinlich ist, diese Zahl im ersten Jahr mit den gewählten Werbemaßnahmen zu erreichen, wird die Spanne auf 2 Jahre angesetzt. Eine laufende Verfolgung der Registrierungen, um das 2 Jahresziel zu erreichen wird durchgeführt. Somit kann festgestellt werden ob die Online PR Maßnahmen, die Gestaltung der Firmenwebpage und die SEO wirksam waren.

**Kennzahl 2**: <u>90% Zufriedenheit bei den Nutzern des Portals</u>; Um die Zufriedenheit zu messen, werden online Rezessionen verfolgt. Die User haben online die Möglichkeit, das Portal mittels Sternen auf einer Skala von 1-5 Sternen zu bewerten. Das Ziel ist eine 90%ige Zufriedenheit der Nutzer.

**Literaturverzeichnis**

Abda – Bundesvereinigung Deutscher Apothekerverbände e. V. (Hrsg.) (2016). *Die Apotheke. Zahlen-Daten-Fakten 2016.* Berlin. https://www.abda.de/fileadmin/ assets/Pressetermine/2016/TdA_2016/ABDA_ZDF_2016_Brosch.pdf (07.07.2017).

Allensbacher Markt- und Werbeanalyse – AWA (2015). *Auf den Weg zu neuen Gleichgewichten? Stabilität und Dynamik bei den Mustern der Mediennutzung.* Institut für Demoskopie. Allensbach. http://www.ifd-allensbach.de/fileadmin/ AWA/AWA_Praesentationen/2015/AWA_2015_Mediennutzung_Schneller.pdf (07.07.2017).

15

Bundesärztekammer (2017). *Ergebnisse der Ärztestatistik zum 31. Dezember 2016.*
Internet. http://www.bundesaerztekammer.de/fileadmin/user_upload/
downloads/pdf-Ordner/Statistik2016/Stat16AbbTab.pdf (07.07.2017).

Flashar, H. (2016). *Hippokrates. Meister der Heilkunst.* Bochum. C. H. Beck Verlag.

G-BA – Gemeinsamer Bundesauschuss (2017). Internet. https://www.g-ba.de/
(07.07.2017).

Heister, W. (2006). *Operatives Marketing-Management,* MARKH03. Studienheft der
APOLLON Hochschule der Gesundheitswirtschaft, Bremen.

Heister, W. (2013). *Grundlagen des Marketing-Managements,* MARKH01. Studienheft der
APOLLON Hochschule der Gesundheitswirtschaft, Bremen.

Heister, W. (2014). *Strategisches Marketing-Management,* MARKH02. Studienheft der
APOLLON Hochschule der Gesundheitswirtschaft, Bremen.

Hoffmann, S.; Akbar, P. (2016) *Konsumentenverhalten. Konsumenten verstehen –
Marketingmaßnahmen gestalten.* Wiesbaden. Springer Gabler.

Kreutzer, R.T. (2016). *Online-Marketing.* Wiesbaden. Springer Gabler Verlag.

La-Med - Arbeitsgemeinschaft zur Kommunikationsforschung im Gesundheitswesen e.V.
(o.J.) *Mediennutzung von Healthcare Professionals.* Fahrdorf. http://www.la-
med.de/studien/weitere-studien/mediennutzung-hcp/ (07.07.2017).

Ludolph, A.G.; Roessner, V.; Münchau, A.; Müller-Vahl, K. (2012). *Tourette-Syndrom und
andere Tic-Störungen in Kindheit, Jugend und Erwachsenenalter.* In:
Deutsches Ärzteblatt. 109 (48) 821-828.

RKI - Robert Koch-Institut (Hrsg.) (2014). *Neurodermitis.* Faktenblatt zu KiGGS Welle 1.
In: Studie zur Gesundheit von Kindern und Jugendlichen in Deutschland –
Erste Folgebefragung 2009 – 2012. Berlin.

Statista (Hrsg.) (2014). *Anzahl der Kinder von 0 bis 14 Jahren.* Internet.
https://de.statista.com/statistik/daten/studie/1253/umfrage/anzahl-der-kinder-
bis-14-jahre-in-deutschland-seit-dem-jahr-1950/ (07.07.2017).

Statistisches Bundesamt (2013) (Hrsg.). *Unternehmen und Arbeitsstätten.* In: Fachserie 2 Reihe 1.6.1. Wiesbaden. https://www.destatis.de/DE/Publikationen/ Thematisch/DienstleistungenFinanzdienstleistungen/KostenStruktur/Kostenstr ukturAerzte2020161119004.pdf?__blob=publicationFile (07.07.2017).

**Tabellenverzeichnis**

**Anhang**

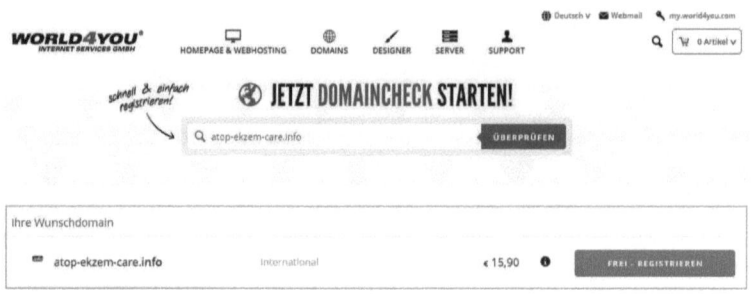

Abgerufen am 07.07.2017

# BEI GRIN MACHT SICH IHR
# WISSEN BEZAHLT

- Wir veröffentlichen Ihre Hausarbeit,
  Bachelor- und Masterarbeit

- Ihr eigenes eBook und Buch -
  weltweit in allen wichtigen Shops

- Verdienen Sie an jedem Verkauf

## Jetzt bei www.GRIN.com hochladen
## und kostenlos publizieren